Ketogen Diät für Anfänger

Der ultimative Leitfaden für Anfänger zur Ketogenen Diät – Ein Gewichtsverlustplan für Männer und Frauen

Von *Louise Jiannes*

Für weitere tolle Bücher besuchen Sie uns:

HMWPublishing.com

Ein weiteres Buch kostenlos herunterladen

Ich möchte mich bei Ihnen für den Kauf dieses Buches bedanken und Ihnen ein weiteres Buch (genauso lang und wertvoll wie dieses Buch), „Gesundheits- & Fitnessfehler, von denen Sie nicht wissen, dass Sie sie machen", völlig kostenlos anbieten.

Klicken Sie auf den untenstehenden Link, um sich anzumelden und es zu erhalten:

www.hmwpublishing.com/gift

In diesem Buch werde ich die häufigsten Gesundheits- und Fitnessfehler aufschlüsseln, die Sie wahrscheinlich gerade begehen, und ich werde aufzeigen, wie Sie sich leicht in die beste Form Ihres Lebens bringen können!

Zusätzlich zu diesem wertvollen Geschenk haben Sie auch die Möglichkeit, unsere neuen Bücher kostenlos zu bekommen, an Gewinnspielen teilzunehmen und andere wertvolle E-Mails von mir zu erhalten. Besuchen Sie den Link, um sich anzumelden:

www.hmwpublishing.com/gift

Inhaltsverzeichnis

Einführung 6

Kapitel 1 – Was ist die ketogene Ernährung? 9

Worum geht es bei der ketogenen Ernährung? 9

Warum ist die ketogene Diät so effizient? 12

Kapitel 2 – Vorteile der ketogenen Ernährung 17

Kapitel 3 – Nachteile der ketogenen Ernährung ... 26

Es handelt sich nicht um eine tatsächliche Gewichtsabnahme. 26

Probleme bei der Aufrechterhaltung einer kohlenhydratarmen Ernährung für einen längeren Zeitraum 28

Reduzierung von Knochenmasse und -dichte 30

Verstopfung 32

Hypoglykämie (Niedriger Blutzucker) 33

Kapitel 4 – Ketogener Diätplan 34

Einrichten der Diät 36

Aufladen von Kohlenhydrate am Wochenende 38

Wie fängt man mit der ketogenen Diät an? 41

Kapitel 5 – Lebensmittel zur Anwendung der Ketose-Diät 46

Fette und Öle 47

Protein 50

Gemüse 53

Nüsse und Samen 54

Getränke 57

Süßstoffe 58

Kapitel 6 – Fehler und Tipps bei der ketogenen Ernährung 60

Erhöhung der Proteinaufnahme 60

Nicht genügend Fett zu sich nehmen 61

Nicht genügend Natrium bei der Nahrungsaufnahme zu sich nehmen 62

Sport, die Sie während Ihrer Ernährung durchführen sollten 63

Kapitel 7 – Ketogene Rezepte 64

Snacks 64

Getränke 64

Erdnussbutter und Kakao-Protein-Shake 67

Frühstück 69

Frühstücksmahlzeit #1 - Zimtprotein-Waffeln 69

Frühstücksmahlzeit #2 - Ketogene kohlenhydratarme Pfannkuchen: 73

Frühstücksmahlzeit #3 - Mikrowellen-Flachsmuffins: 76

Hauptgang 78

#1 – Low-Carb-Pizza: 78

#3 - Avocado-Eiersalat: 84

Schlussworte 87

Über den Co-Autor 89

Einführung

Ich möchte mich bei Ihnen bedanken und Ihnen zum Kauf des Buches „*Ketogene Diät für Anfänger*" gratulieren.

Dieses Buch enthält bewährte Schritte und Strategien zum Abnehmen mit einer ketogenen Diät und bietet Ihnen alles, was Sie für einen sicheren Start in die richtige Richtung benötigen, einschließlich einiger köstlicher Rezepte zum Ausprobieren!

Sie werden auch lernen, was genau diese Diät ist und wie sie funktioniert, die Vorteile der ketogenen Diät sowie einige der Nachteile (es gibt einige). Sie erfahren, wie Sie mit diesem Diätplan richtig beginnen und welche Lebensmittel Sie für die Ketosis-Diät verwenden müssen. Zuletzt werden Sie einige der häufigsten Fehler aufdecken und einige hilfreiche Tipps erhalten, um sicherzustellen, dass Sie nicht in eine dieser Fallen geraten. Nochmals vielen Dank für den Kauf dieses Buches!

Bevor Sie beginnen, empfehlen wir Ihnen, sich für unseren E-Mail-Newsletter anzumelden, um über neue Buchveröffentlichungen oder Werbeaktionen informiert zu werden. Sie können sich kostenlos anmelden und erhalten als Bonus ein kostenloses Geschenk: unser Buch *„Gesundheits- und Fitnessfehler, von denen Sie nicht wissen, dass Sie sie machen"*"! Dieses Buch wurde geschrieben, um zu entmystifizieren, die wichtigsten Vor- und Nachteile aufzudecken und Sie endlich mit den Informationen auszustatten, die Sie benötigen, um sich in der besten Form Ihres Lebens zu befinden. Aufgrund der überwältigenden Menge an Fehlinformationen und Lügen, die von Magazinen und selbsternannten „Gurus" erzählt werden, wird es immer schwieriger, zuverlässige Informationen zu erhalten, um in Form zu kommen. Im Gegensatz zu dutzenden von voreingenommenen, unzuverlässigen und nicht vertrauenswürdigen Quellen, um Ihre Gesundheits- und Fitnessinformationen zu erhalten. In diesem Buch ist alles aufgeschlüsselt, was Sie brauchen, um in kürzester Zeit Ihre gewünschten Fitnessziele zu erreichen.

Um sich für unseren kostenlosen E-Mail-Newsletter anzumelden und ein kostenloses Exemplar dieses wertvollen Buches zu erhalten, besuchen Sie bitte den Link und registrieren Sie sich jetzt: www.hmwpublishing.com/gift

Kapitel 1 – Was ist die ketogene Ernährung?

Die Ketogenic Diät, die auch als Keto-Diät, Low-Carb-Diät und Low-Carb High-Fat-Diät bezeichnet wird, ist eine kohlenhydratarme Diät, die Ketone im Körper produziert. Ketone sind die organischen Verbindungen, die jeder menschliche Körper hat. Mit Hilfe von Ketonen in der Leber kann der menschliche Körper Energie produzieren.

Worum geht es bei der ketogenen Ernährung?

Im Folgenden finden Sie eine kurze Lektion zur Geschichte der ketogenen Ernährung, die 1924 von Dr. Robert C. Atkins initiiert wurde. Eine ketogene Diätbehandlung wurde im 20. Jahrhundert zeitpassend durchgeführt, um Jugendliche effizient mit feuerfesten Medikamenten gegen Epilepsie zu behandeln. Eine sofortige Untersuchung ergab, dass eingetauchtes Fett unerwünscht ist, obwohl eine fettreiche ketogene Essroutine erforderlich ist, wie dies bei verschiedenen Arzneimitteln gegen unkontrollierte Epilepsie der Fall ist. Eine zweiwöchige, absichtlich kontrollierte, stationäre Studie zeigte, dass eine ketogene Essroutine für die Kontrolle von Gewichts- und Blutzuckerfixierungen bei Diabetikern von Nutzen ist

Obwohl es bei der Behandlung von Epilepsie außerordentlich lebensfähig ist, wurde es aufgrund des

Anstiegs an neuen Medikamenten, die gegen die Beschlagnahme angefeindet waren, im Jahr 1940 außer Betrieb gesetzt. Die Essroutine dieser Diät ist fettreich und liefert ausreichend Protein, das vom menschlichen Körper ausreichend benötigt wird und ist arm an Stärke (Kohlenhydraten). Diese Mischung verändert die Art und Weise, wie die Vitalität als Teil des Körpers genutzt wird. Fett wird in der Leber in ungesättigte Fette und Ketonkörper umgewandelt. Eine weitere Auswirkung dieser Diät ist, dass sie den Glukosespiegel senkt und die Insulinresistenz erhöht.

Glukose ist das einfachste Atom für Ihren Körper, um es zu verändern und als Vitalität zu verwenden, so dass es eine andere Vitalitätsquelle auswählt. Insulin wird abgegeben, um die Glukose in Ihrem Blutkreislauf zu behandeln, indem es dem Körper entnommen wird.

Nachdem die Glukose als essentielle Vitalität genutzt wurde, werden Ihre Fette nicht benötigt und auf diese Weise entfernt. Normalerweise isst ein typischer höherer Zucker weniger Kohlenhydrate. Der Körper wird Glukose als die grundlegende Art der Vitalität verwenden, die während des Prozesses aufgenommen werden soll.

Warum ist die ketogene Diät so effizient?

Die ketogene Diät ist eine der effektivsten Diätpläne, die von verschiedenen Ärzten in der heutigen Welt empfohlen wird. Die Diät hilft Menschen, Gewicht zu verlieren und die Kontrolle zu haben. Die Diät funktioniert so gut, weil sie sicherstellt, dass Sie eine kohlenhydratarme Diät einhalten. Darüber hinaus hängt das Ausmaß der

Gewichtsabnahme vom BMI des Körpers, dem Aktivitätsniveau und der Art der Nahrung ab, die die Menschen zu sich nehmen. Die Schätzung des Gewichtsverlusts durch Befolgung dieses Diätplans beträgt jedoch maximal einen Monat. Das bedeutet, dass ein menschlicher Körper in einem Monat etwa 20 Kilogramm an Gewicht verliert. Der schnellste Weg, um in die Ketose zu geraten, besteht darin, auf leeren Magen zu üben, die tägliche Zuckeraufnahme auf 20 g oder weniger zu beschränken und auf den Wasserverbrauch zu achten.

Vor der industriellen Revolution, als die Menschen in die Jagd und das Sammeln von Nahrungsmitteln verwickelt waren, waren die Probleme in Bezug auf Gewicht und Gesundheit anfangs recht gering. Die Menschen ernähren sich von den

Nahrungsmitteln, die ihnen durch Jagen, Fischen und Sammeln von Nahrungsmitteln aus der Natur zur Verfügung standen. Diese Lebensmittel enthielten keine Stärke, da Lebensmittel wie Nudeln, Reis und Brot erst mit der industriellen Revolution eingeführt wurden. Daher waren auch die Kohlenhydrate im menschlichen Körper niedrig.

Es begann mit der industriellen Revolution, als rund um den Globus viele Entwicklungen stattfanden. Es entstanden verschiedene Fabriken, in denen verstärkt Zucker und Weißmehl hergestellt wurden. All dies führte zu einem Anstieg der Kohlenhydrate im menschlichen Körper. Dies ist der Grund, warum Menschen in der heutigen Welt anfälliger für Übergewicht und andere gesundheitliche Probleme sind. Länder wie die USA, die als eines der am weitesten entwickelten Länder der Welt gelten, neigen eher zu dieser Krankheit der Fettleibigkeit.

Um diese Krankheit der Gewichtszunahme und der Fettleibigkeit zu beseitigen, wurden verschiedene Programme und Diätpläne eingeführt. Alle diese Methoden haben Menschen positiv beeinflusst und geholfen, und eine ketogene Diät ist einer dieser Gewichtsverlustpläne, die von verschiedenen Ernährungswissenschaftlern empfohlen werden. Die ketogene Diät ist wichtig für Menschen, die versuchen, Gewicht zu verlieren, insbesondere für diejenigen, die vor einer erheblichen Gewichtszunahme stehen und nicht in der Lage sind, innerhalb kurzer Zeit Pfund abzunehmen. Gewichtszunahme führt zu verschiedenen gesundheitlichen Problemen und kann das Leben vieler Menschen gefährden. Daher ist eine kohlenhydratarme

Ernährung, die sich auf die Senkung des Glukosespiegels und die Verbesserung der Insulinresistenz konzentriert, für die meisten Menschen von entscheidender Bedeutung.

Kapitel 2 – Vorteile der ketogenen Ernährung

Die ketogene Diät ist eine der effizientesten und effektivsten Diätpläne mit niedrigem Kohlenhydratgehalt und ist in vielerlei Hinsicht für den menschlichen Körper von Vorteil. Seit dem Jahr 2000 wurden verschiedene Untersuchungen durchgeführt, um die Auswirkungen von kohlenhydratarmen Diäten zu identifizieren. Und in jeder Studie waren die Auswirkungen einer kohlenhydratarmen Ernährung positiver als bei jedem anderen Vergleich. Eine kohlenhydratarme Ernährung hilft nicht nur Menschen beim Abnehmen, sondern hat sich auch als hilfreich bei der Reduzierung und Beseitigung verschiedener Risikofaktoren erwiesen, die für den menschlichen Körper schwerwiegend und schädlich sein können.

Da es sich bei der ketogenen Diät um eine kohlenhydratarme Diät handelt, hindert sie eine Person nicht daran, etwas zu essen und auf zuckerhaltige Lebensmittel zu verzichten. Folglich fängt diese Diät an, den Appetit einer Einzelperson zu töten. Viele Menschen sind sich ihres Gewichts bewusst – sie versuchen, Kilogramm zu reduzieren und ein ausgeglichenes Gewicht zu halten, aber um ihr Ziel zu erreichen, müssten sie oft aufhören zu essen. Weniger essen oder nichts essen ist etwas, das für niemanden möglich ist, da es zu Hunger führt und die Menschen ihren Ernährungsplan aufgeben. Daher besteht ein Vorteil der ketogenen Ernährung darin, dass eine kohlenhydratarme Ernährung eine eventuelle Verringerung des Appetits ermöglicht, wenn Menschen sich auf kalorienarme und proteinbezogene

Lebensmittel umstellen, anstatt Lebensmittel zu sich zu nehmen, die zu einer Gewichtszunahme führen.

Ein weiterer Vorteil der ketogenen Ernährung besteht darin, dass kohlenhydratarme Lebensmittel zu einer sofortigen Gewichtsreduzierung führen. Menschen, die den Kohlenhydratgehalt in ihrer Ernährung senkten, mussten eine enorme Gewichtsreduktion hinnehmen. Daher kann dieses Essen als das effektivste und effizienteste für Menschen angesehen werden, die schnell Pfund abwerfen möchten. Ein Grund dafür ist, dass kohlenhydratarme Diäten dazu neigen, übermäßig viel Wasser aus dem Körper zu entsorgen. Da sie den Insulinspiegel senken, beginnen die Nieren, reichlich Natrium abzugeben, was eine schnelle Gewichtsreduktion in den ersten ein oder zwei Wochen fördert.

Die ketogene Diät führt auch zu einer Erhöhung des HDL, das Lipoprotein hoher Dichte ist. HDL ist gutes Cholesterin. Es leitet Cholesterin vom Körper zur Leber, wo es wiederverwendet oder ausgeschieden werden kann. Es ist verständlich, dass die Gefahr von Herzerkrankungen umso geringer ist, je höher Ihr HDL-Spiegel ist. Einer der idealen Ansätze zum Aufbau des HDL-Spiegels besteht darin, Fett zu sich zu nehmen. Eine kohlenhydratarme Diät enthält eine enorme Menge an Fett, was zu einem Anstieg des Lipoproteins mit hoher Dichte führen und Menschen vor verschiedenen Herzkrankheiten bewahren würde.

Wenn eine Person Kohlenhydrate isst, werden sie im Verdauungstrakt in Grundzucker (im Allgemeinen Glukose) getrennt. Ab diesem Zeitpunkt gelangen sie in den Kreislauf und erhöhen den Blutzuckerspiegel. Da hohe Blutzuckerwerte tödlich sind, reagiert der Körper mit einem Hormon namens Insulin, das die Phones anweist, die Glukose in die Phones zu bringen und mit dem Schwelen oder Weglegen zu beginnen. Bei Personen, die fest sind, besteht die Tendenz, dass die schnelle Insulinreaktion den Glukose-„Anstieg" mit einem bestimmten Endziel minimiert, um zu verhindern, dass sie verletzt wird.

Aus diesem Grund gibt es bei vielen Menschen verschiedene Probleme wie Insulinresistenz. Insulinresistenz bedeutet, dass die Zellen das Insulin nicht sehen. In diesem Sinne ist es für den Körper schwieriger, die Glukose in die Telefone zu bringen. Dies kann zu einer Krankheit führen, die als Typ-2-Diabetes bezeichnet wird, wenn Sie nicht genug Insulin ausstoßen, um die Glukose nach dem Abendessen zu senken. Diese Krankheit ist heute außergewöhnlich normal und belastet rund 300 Millionen Menschen auf der ganzen Welt. Die Lösung, die von verschiedenen Ärzten in der heutigen Welt empfohlen wird, ist daher eine Umstellung auf eine kohlenhydratarme Ernährung, da dies zu einer Verringerung des Insulinspiegels führt und auch zu einer Verringerung des Blutzuckers führen würde. Es wurden verschiedene Studien durchgeführt, und in einer der Studien wurde festgestellt, dass Menschen mit Typ-2-Diabetes (95,2%) positive Ergebnisse verzeichneten und innerhalb von sechs Monaten eine Senkung ihrer Glukose feststellten.

Der Blutdruck ist eines der häufigsten Phänomene, die von der Mehrheit der Bevölkerung auf der ganzen Welt beobachtet werden. Menschen leiden unter Bluthochdruck und niedrigem Blutdruck. Der Blutdruck selbst fördert verschiedene Krankheiten wie Herzkrankheiten, Nierenversagen oder Schlaganfall und kann zum Tod führen. Daher wird eine kohlenhydratarme Ernährung als eines der wirksamen Instrumente zur Senkung des Blutdrucks angesehen. Und wenn der Blutdruck sinkt, sinkt auch das Risiko für Herzkrankheiten, Schlaganfall oder Nierenversagen.

Kohlenhydratarme Ernährungsregime sind die beste bekannte Behandlung gegen Stoffwechselstörungen. Metabolic Disorder (Stoffwechselstörung) ist die Bezeichnung für eine Ansammlung von Gefahrenkomponenten, die das Risiko für Herzkrankheiten und andere Probleme des Wohlbefindens erhöhen, z. B. Diabetes und Schlaganfall. Es gibt verschiedene Symptome, die für diese Krankheit identifiziert wurden, wie z. B. hohe Triglyceride, niedrige HDL-Werte und ein Anstieg des Blutzuckers, ein Anstieg des Blutdrucks und eine Gewichts- oder Fettzunahme in der Nähe des Magens. Daher können mit der Einführung der kohlenhydratarmen Diät alle fünf Symptome verringert werden, wenn ein Individuum beginnt, einen Rückgang seines Blutdrucks, seines Gewichts und seines HDL zu erleben, und die Person ein gesundes Leben führen kann.

Die ketogene Diät ist effizienter im Vergleich zu einer Reduzierung des Essens oder der Einhaltung strenger Diätpläne, da in dieser Phase der Hunger und die Aufgabe des Diätplans auftreten und dies zu weiteren gesundheitlichen Problemen führt. Daher regt die ketogene Ernährung eine Person zum Essen an, sie sollte jedoch weniger Kohlenhydrate enthalten, was letztendlich das Verdauungssystem einer Person verbessert.

Kapitel 3 – Nachteile der ketogenen Ernährung

Obwohl es enorme Vorteile der Einführung einer ketogenen Ernährung in den Alltag gibt, wie im vorherigen Abschnitt erwähnt, wie hoher HDL, schneller Gewichtsverlust, niedrigere Herzkrankheiten und Schlaganfälle usw., gibt es nachteilige Auswirkungen, die eine Person in umgekehrter Weise beeinflussen können wie Gut. Einige der negativen Auswirkungen der ketogenen Ernährung werden nachstehend erörtert.

Es handelt sich nicht um eine tatsächliche Gewichtsabnahme.

Während einer ketogenen Diät verliert man häufig an Gewicht, aber das meiste Gewicht, das eine Person verliert, ist das Wasser, das ein menschlicher Körper besitzt. Und sobald Ihr Körper in die Ketose übergeht, beginnt er ebenfalls, Muskeln zu verlieren, erweist sich in erheblichem Maße als erschöpft und geht schließlich in den Hungermodus über. An diesem Punkt fällt es erheblich schwerer, in Form zu kommen und Gewicht zu verlieren.

Die British Diabetes Association weist ebenfalls darauf hin, dass Ketose möglicherweise gefährlich ist, „da erhöhte Mengen an Ketonen das Blut sauer machen können, ein als Ketoazidose bekannter Zustand, der innerhalb kurzer Zeit bestimmte Krankheiten auslösen kann." Abnehmen ist gut für die Gesundheit, aber wenn man sich nur auf eine ketogene Diät verlässt, kann dies zu ernsthaften Gesundheitsproblemen führen, da mehr Herzprobleme das Ergebnis dieser Diät sind. Daher sollte eine ketogene Diät nur unter Aufsicht und Empfehlung eines Arztes durchgeführt werden.

Probleme bei der Aufrechterhaltung einer kohlenhydratarmen Ernährung für einen längeren Zeitraum

Ein weiterer Nachteil der ketogenen Ernährung besteht darin, dass es für manche Menschen schwierig ist, diese zu tragen oder aufrechtzuerhalten, insbesondere für diejenigen, die regelmäßig soziale Veranstaltungen besuchen, zur Schule gehen oder häufig in Restaurants gehen. Wenn zum Beispiel ein Schüler, der die ketogene Diät befolgt, und sein Altersgenosse in der Schule kohlenhydratreiches Essen isst, ist er auch versucht, diese Art von Essen zu sich zu nehmen. Daher könnten sie ihren Ernährungsplan nicht aufrechterhalten und würden am Ende ihren Ernährungsplan aufgeben. Da Kohlenhydrate einem Menschen den größten Teil der Energie liefern, kann eine Reduzierung des Zuckers zu einer Verringerung des Energieniveaus eines Menschen führen. Und die Person neigt dazu, sich faul zu fühlen, und könnte gestörte und häufige Stimmungsschwankungen erwarten.

Reduzierung von Knochenmasse und -dichte

Ein weiterer negativer Einfluss der Durchführung einer ketogenen Diät ist die Abnahme der Knochenmasse und ihrer Dichte auf lange Sicht. Es wurden verschiedene Studien durchgeführt, von denen eine mit Mäusen experimentierte. Während dieses Experiments stellten Mäuse, die sich einer flüchtigen ketogenen Diät unterzogen, eine Abnahme der Knochenmassendicke fest und beeinflussten die mechanischen Eigenschaften der Knochen negativ. Es muss jedoch die Unterscheidung zwischen Ketose und Lebensdauer der beiden einzigartigen Arten in Betracht gezogen werden, bevor genaue Schlussfolgerungen gezogen werden können. Es gibt ebenfalls Berichte über eine verminderte Knochendicke bei Jugendlichen, die eine lange Zeit eine ketogene Diät einhalten.

Wie dem auch sei, eine Studie an Erwachsenen mit einem genetischen Problem namens GLUT-1-Mangel, die länger als fünf Jahre ketogen ernährt wurden, zeigte keine signifikanten nachteiligen Auswirkungen auf die Knochenmineralsubstanz und -dichte. Darüber hinaus sollte beachtet werden, dass verschiedene mit Gewicht identifizierte Elemente - wie erweitertes Magenfett und Diabetes - ebenfalls insgesamt bessere Knochen und ausgedehnte Bruchereignisse aufweisen. Auf diese Weise können keine eindeutigen Schlussfolgerungen über den Einfluss einer ketogenen Diät auf die Knochendicke dieser Menschen gezogen werden.

Kopfschmerzen sind auch eines der häufigsten Symptome, die während einer ketogenen Diät auftreten. Während sich Ihr Körper an die Ketose anpasst, kann Migräne aus verschiedenen Gründen auftreten. Möglicherweise fühlen Sie sich auch etwas unbehaglich und haben einige Tage lang grippeähnliche Symptome.

Verstopfung

Ein weiteres häufiges Symptom bei kohlenhydratarmen Diäten ist Verstopfung. Es ist in der Regel eine Komponente von mangelnder Flüssigkeitszufuhr, Salzunglück, übermäßigem Verzehr von Milchprodukten oder übermäßigem Verzehr von Nüssen oder möglicherweise einem

Magnesiumungleichgewicht. All dies führt zu Problemen mit Ihrem Verdauungssystem.

Hypoglykämie (Niedriger Blutzucker)

Ein niedriger Blutzucker ist ein weiterer Nachteil für eine Person, die eine höhere Kohlenhydratdiät zu sich genommen hat. Ihr Körper ist es gewohnt, ein genaues Maß an Insulin herauszugeben, um mit dem Zucker umzugehen, der aus all diesen Stärkeaufnahmen gewonnen wird. Wenn Personen, die kohlenhydratreiche Nahrung zu sich nehmen, auf kohlenhydratarme Ernährung umsteigen, kann dieser plötzliche Abfall des Zugangs zu kohlenhydratreichen Nahrungsmitteln bei einer ketogenen Diät zu einigen kurzen Szenen mit niedrigem Blutzuckerspiegel führen, die sich für eine Person beängstigend anfühlen.

Kapitel 4 – Ketogener Diätplan

Das Initiieren des ketogenen Diätplans erfordert bestimmte Bedingungen, die eine Person, die plant, diesen Diätplan zu beginnen, berücksichtigen muss. Eine davon ist, dass man sich vor Beginn der kohlenhydratarmen Diät mit dem Arzt oder dem Arzt beraten muss, um den richtigen Leitfaden zu erhalten. Eine kohlenhydratarme Ernährung hat viele positive Auswirkungen, wirkt sich jedoch auch nachteilig auf die Gesundheit eines Menschen aus. Dies betrifft insbesondere diejenigen, die unter bestimmten Problemen wie Herzproblemen, Nierenproblemen usw. leiden. Daher ist eine ordnungsgemäße Beratung durch den Arzt erforderlich, um Richtlinien zu erhalten, was eine Person einnehmen sollte und wie sie mit ihrem Diätplan beginnen muss.

Die Dauer des ketogenen Diätplans variiert von Person zu Person und von Bedarf zu Bedarf. Die Laufzeit dieses Diätplans kann drei Tage, eine Woche, zwei Wochen, einen Monat oder auch bis zu sechs Monate betragen. Eine Person muss die Anweisungen des Beraters befolgen und eine ordnungsgemäße Routine zur Überwachung der Ernährung einhalten. Dies bedeutet, dass während der ketogenen Ernährung nur solche Lebensmittel verzehrt werden müssen, die nur wenig Kohlenhydrate enthalten und auf kalorienreiche, kohlenhydratreiche Lebensmittel verzichten müssen. Menschen, die zuvor eine beträchtliche Menge Zucker konsumiert haben, beginnen diesen Prozess in der Regel langsam, sodass sich ihr Körper an den niedrigen Zuckergehalt gewöhnt und sie später mit der Zeit die Aufnahme von kohlenhydratarmen Nahrungsmitteln steigern können.

Einrichten der Diät

Um die Essroutine einzurichten, muss ein Individuum zuerst sein ansteigendes Körpergewicht nehmen und es um eins duplizieren. Dies ist die Gesamtmenge an Gramm Protein, die sie täglich zu sich nehmen müssen. Danach würden sie diese Zahl erhalten, verschiedene um 4 (wie viele Kalorien sind in einem Gramm Protein), um ihre Gesamtkalorien zu erhalten, die aus Protein stammen. Gegenwärtig wird alles, was von ihrer täglichen Notwendigkeit übrig bleibt, aus Fettkalorien entstehen. Das Identifizieren von Zuckergramm ist nicht besonders wichtig, da Sie Ihre 30-50 Gramm pro Tag wahrscheinlich praktisch erreichen, indem Sie grünes Gemüse und die zufälligen

Kohlenhydrate, die aus Ihren Fett- und Proteinquellen stammen, einbeziehen.

Um zu verstehen, wie viele Gramm Fett ein Mensch besonders braucht, müsste er die gesamte Menge an Kalorien aufnehmen, die erforderlich ist, um sein Körpergewicht aufrechtzuerhalten (normalerweise etwa 14 bis 16 Kalorien pro Pfund Körpergewicht). Subtrahieren Sie die Eiweißkalorien von dieser Zahl und dividieren Sie sie durch 9 (Anzahl der Kalorien pro Gramm Fett). Dies sollte ihnen die Anzahl der gesamten Fettgramme geben, die sie jeden Tag zu sich nehmen müssen. Teilen Sie diese Zahlen durch die Anzahl der Abendessen, die Sie jeden Tag einnehmen möchten, um das Schlüsselformat für Ihr Ernährungsschema zu erhalten. Achten Sie auch darauf, viel frisches grünes Gemüse zu sich zu nehmen, um die Zellen zu stärken und die Vitaminversorgung zu gewährleisten, und schon kann es losgehen.

Aufladen von Kohlenhydrate am Wochenende

Gegenwärtig befördert uns dies in das Aufladen mit Kohlenhydraten am Wochenende und den „lustigen" Teil der allgemeinen Leute. Sie sind derzeit vorbereitet, große Mengen an stärkehaltigen Nahrungsmitteln zu sich zu nehmen. Hafer, Bagels, Reischips, Konfekt, Pasta usw. sind hier großartige Alternativen. Da Sie auf keinen Fall so viel Fett zu sich nehmen, ist die Wahrscheinlichkeit, dass diese Stärken in Muskel-Fett-Quotienten umgewandelt werden, um die Glykogenspeicher Ihres Muskels aufzufüllen, ungewöhnlicher.

Viele Menschen werden am Freitagabend mit dem Aufladen beginnen und es am Samstag vor dem Schlafengehen beenden. Dies ist in der Regel am hilfreichsten, da sie an diesem Punkt frei von Arbeit sind und sich entspannen und das Verfahren schätzen können. Mit der Möglichkeit, dass sie sich keine übermäßigen Sorgen um Fett machen und dieses Ernährungsschema lediglich als Mittel zur Aufrechterhaltung des Glukosespiegels nutzen, können sie in dieser Zeit wahrscheinlich jede beliebige Stärkenahrung zu sich nehmen, die sie mögen. Wenn die geringe Chance besteht, dass man sich über eine schnelle Aufholjagd gequält hat, dann sollte man rechnen.

Versuchen Sie und halten Sie sich daran, Ihr Eiweiß für jedes Pfund Körpergewicht auf einem Gramm zu halten, und nehmen Sie danach 10-12 Gramm Stärke für jedes Kilogramm Körpergewicht zu sich. Beginnen Sie mit der Herstellung dieser Stärken (normalerweise das Hauptprodukt in flüssiger Struktur) direkt nach dem Training am Freitagabend. Dies ist der Punkt, an dem ihr Körper bereit ist, zu rocken und zu rollen, um die Stärken aufzunehmen, und es wird für Sie am hilfreichsten sein.

Beachten Sie, dass Menschen in der Regel etwas Fett hier haben können, da es schwierig sein wird, eine große Menge des Lebensmittels zu sich zu nehmen, das sie wirklich benötigen, ohne es zuzulassen (Pizza für den Fall). Sie tun ihr Bestes, um Ihre Fettgramme in Kilogramm um ihr Körpergewicht zu halten (also wenn bei dieser Person die geringe Chance besteht, 80 kg zu wiegen, sollten fast 80 Gramm Fett zu sich genommen werden).

Zweitens entdecken einige Leute, dass sie die Chance ergreifen, vor ihrem letzten Training am Freitagabend ein biologisches Produkt neben Eiweiß zu essen, da dies ihren Glykogenspiegel in der Leber wiederherstellt und ihnen die Vitalität verleiht, die sie für dieses Training benötigen. Außerdem versetzen sie ihren Körper durch Nachfüllen des Leberglykogens in einen etwas anaboleren Zustand, sodass sie nicht so viel Vitalitätsverlust sehen.

Wie fängt man mit der ketogenen Diät an?

Beim Starten des ketogenen Plans müssen bestimmte Bedingungen berücksichtigt werden. Eine davon ist, dass nicht jeder dem ketogenen Diätplan folgen kann. Unterschiedliche Personen, basierend auf ihrem Alter, ihrer Gesundheit und anderen Bedingungen, haben unterschiedliche Ernährungspläne, die von Experten empfohlen werden. Menschen, die keine ketogene Diät einhalten sollten, sind:

1. Personen mit Gallenblasenerkrankung oder ohne Gallenblase, da Fett schwerer zu verarbeiten ist;

2. Personen, die sich einer bariatrischen Operation (Gewichtsreduktion/Gastrikumleitung) unterzogen haben, da Fette schwieriger aufzunehmen sind;

3. Personen mit einem individuellen Stoffwechselproblem, das sich in das typische Fettverdauungssystem einmischt;

4. Frauen, die schwanger sind oder stillen, weil der Proteinbedarf höher ist;

5. Kinder, da sich der Proteinbedarf im Alter ändert, sollten Kinder diesen Diätplan nicht durchführen;

6. Personen mit unzureichender Pankreasversorgung, da Fette schwerer zu verarbeiten sind;

7. Individuen, die zu Nierensteinen neigen (vielleicht wegen Veränderungen des Salz- und Flüssigkeitsausgleichs); und

8. Personen, die dünn sind (BMI von 20 oder weniger), weil es bei einigen wenigen zu einer Gewichtsabnahme kommen kann (zusätzliche Fettkalorien können erforderlich sein).

Alle diese Arten von Menschen sollten nicht mit einer ketogenen Diät beginnen, da es verschiedene Nebenwirkungen gibt, die durch eine ketogene Diät auftreten können. Bei Erwachsenen, die sich ketogen ernähren, sind Gewichtsreduktion, Verstopfung, das Risiko eines Knochenbruchs, ein Anstieg des

Durstgehalts, gleichmäßiges Wasserlassen, häufige Stimmungsschwankungen und ein erhöhter Cholesterin- und Triglyceridspiegel die bekanntesten Verwicklungen. Bei Frauen kann es ebenfalls zu Amenorrhoe oder anderen Störungen des Menstruationszyklus kommen. Daher müssen alle diese Faktoren berücksichtigt werden, bevor mit einem ketogenen Diätplan begonnen wird.

Kapitel 5 – Lebensmittel zur Anwendung der Ketose-Diät

Bevor Bevor Sie die Art der Lebensmittel verstehen, die Sie während der ketogenen Diät zu sich nehmen müssen, müssen Sie überlegen, wie viele Kalorien oder Lebensmittel Sie pro Tag zu sich nehmen müssen. Mithilfe des idealen Körpergewichts, des BMI oder anderer Kalorienwerte kann eine Person ermitteln, wie viele Kalorien sie täglich aufnehmen muss, um ihr Zielgewicht zu erreichen. Es wurden verschiedene Anwendungen eingeführt, die Benutzer auf ihren Handys installieren können. Über diese Anwendungen können sie Informationen abrufen, die das aktuelle Gewicht, das Geschlecht, das Alter und das Idealgewicht enthalten, das sie abrufen möchten.

Mithilfe dieser Informationen können diese Anwendungen der Person mitteilen, wie viele Kalorien sie täglich zu sich nehmen müssen, um ihr Idealgewicht zu erreichen. Und durch diese Anwendungen und das perfekte Körpergewicht müssen die Menschen ihren regelmäßigen Anteil an Fett, Protein, Kohlenhydraten, falschen Gramm und Kalorien identifizieren, um den Ernährungsplan besser zu verstehen und zu befolgen.

Zu den Lebensmitteln, die während der Ketogenen Diät aufgenommen werden sollten, gehören:

Fette und Öle

- Fette machen den größten Teil der täglichen Kalorienaufnahme aus, wenn Personen eine ketogene Diät einhalten. Daher sollten Entscheidungen unter Berücksichtigung ihres Assimilationsrahmens getroffen werden. Man muss eine Harmonie zwischen den Omega-3-Fettsäuren und den Omega-6-Fettsäuren herstellen, damit das Essen von Dingen wie wildem Lachs, Fisch, Forelle und Schalentieren eine angepasste Essroutine für Omega-3-Fettsäuren ergibt.

- Eingeweichte und einfach ungesättigte Fette, wie z.B. Margarine, Macadamianüsse, Avocado, Eigelb und Kokosöl, sind umso künstlicher stabiler und weniger provokant für sehr viele Menschen und werden daher bevorzugt.

- Zu den Lebensmitteln, die reich an Fetten und Ölen sind, gehören Avocado, Rindertalg, Butter, Hühnerfett, nicht hydratisiertes Schmalz. Andere Lebensmittel sind Macadamianüsse, und Mayonnaise ist auch reich an Fett, Olivenöl, Kokosöl & Butter, rotem Palmöl und Erdnussbutter.

- Fette und Öle können in verschiedenen Variationen verfestigt werden, um Ihr Abendessen zu bereichern – Soßen, Dressings oder einfach nur eine einfache Beilage von etwas Fleisch mit Butter.

Protein

- Ideal ist es, alles zu essen, was wild geworden ist, wie Wels, Kabeljau, Lachs oder Schnapper, Forelle und Fisch.

- Schalentiere: Schalentiere, Muscheln, Hummer, Krabben, Jakobsmuscheln, Muscheln und Tintenfische.

- Ganze Eier: Versuchen Sie, sie von einem nahegelegenen Markt zu kaufen, wenn möglich. Die Menschen können sie auf verschiedene Weise einrichten, wie z.B. frikassiert, geweiht, geblasen, geschlagen, pochiert und gemischt.

- Fleisch: Hamburger, Kalb, Ziege, Schaf und eine weitere wilde Ablenkung. Gras, das aufrechterhalten wird, wird bevorzugt, da es eine überlegene ungesättigte Fettzahl hat.

- Schweinefleisch: Schweinelende und Schinken. Achten Sie auf den enthaltenen Zucker im Schinken.

- Geflügel: Huhn, Ente, Wachtel, Vogel. Freilandhaltung oder natürlich ist hier eine optimale Entscheidung, ob.

- Speck und Wiener: Überprüfen Sie nach allem, was mit Zucker ausgehärtet ist, oder für den Fall, dass Füllstoffe enthalten sind.

- Nussiger Brotaufstrich: Entscheiden Sie sich für den typischen nussigen Aufstrich, seien Sie jedoch vorsichtig, da sie eine hohe Anzahl von Omega-6 und Stärke haben. Versuchen Sie, Macadamia-Nuss-Margarine auszuwählen, wenn Sie können.

Gemüse

- Gemüse gilt als gesund. Daher werden Menschen, die eine ketogene Ernährung einnehmen, stärker ermutigt, ihre Aufnahme von

Gemüse zu erhöhen, das aus dem Boden stammt und grün ist.

Nüsse und Samen

- Nüsse und Samen sind am besten geeignet, wenn sie gekocht werden, um die Nahrungsergänzungsmittel zu entfernen. Versuchen Sie, wenn möglich einen kritischen Abstand zu Erdnüssen einzuhalten, da es sich um Gemüse handelt, das ausnahmsweise nicht auf der Liste der ketogenen Diätnahrungsmittel aufgeführt ist.

- Macadamias, Walnüsse und Mandeln sind eine der besten, was die Kohlenhydrate betrifft, und können mit kleinen Mengen gegessen werden.

- Cashewnüsse und Pistazien sind höher in Kohlenhydraten, also stellen Sie sicher, dass Sie diese bewusst messen. Nüsse sind reich an Omega-6 ungesättigten Fettsäuren, also versuchen Sie, zu hohe Mengen zu vermeiden. Nuss- und Samenmehle, wie z.B. Mandelmehl und verarbeiteter Leinsamen, sind außergewöhnlich, um das normale Mehl zu ersetzen. Das bedeutet, dass die Zubereitung mit etwas Zurückhaltung möglich sein sollte.

In der folgenden Tabelle werden die Lebensmittel, die eine Person einer ketogenen Diät unterzieht, richtig erläutert. Diese müssen in ihrem Ernährungsplan berücksichtigt werden, um ihr Gewicht kurzfristig zu reduzieren.

Getränke

Getränke, die in ihrem Ernährungsplan enthalten sein müssen, sind Wasser, Tee, Kaffee und Spirituosen. Getränke wie Wasser sollten häufig konsumiert werden, während die Aufnahme von Tee und Kaffee mäßig erfolgen sollte. Bei Spirituosen und Weinen sollte der Konsum gelegentlich oder selten, aber nicht häufig erfolgen. Wasser ist von entscheidender Bedeutung, da viele Menschen mit dem Problem der Dehydration konfrontiert sind. Daher werden sechs bis acht Gläser Wasser empfohlen.

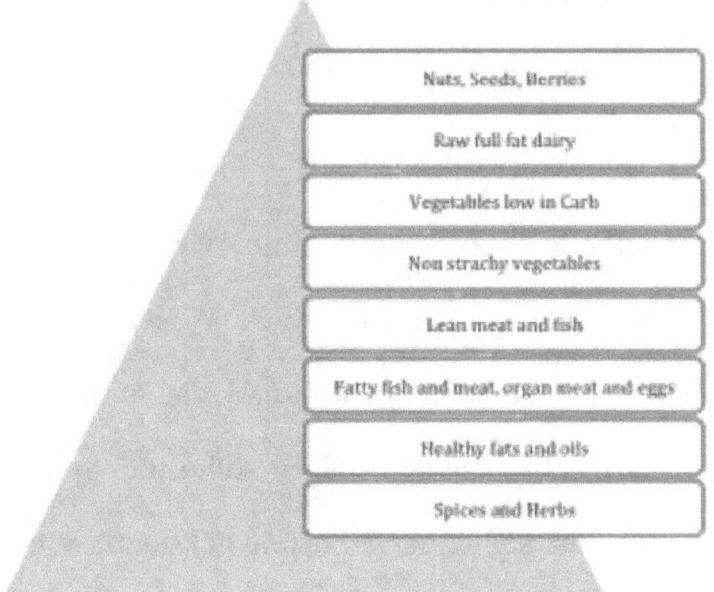

Süßstoffe

Das Vermeiden von Süßem ist im Großen und Ganzen die beste Entscheidung – es wird die Sehnsucht auf ein Minimum reduzieren, was die Leistung bei der ketogenen Ernährung steigert. Für den Fall, dass Sie etwas Süßes brauchen, wählen Sie einen künstlichen

Süßstoff. Versuchen Sie, flüssigen Süßungsmitteln zu folgen, da sie keine Abdeckungen enthalten haben, zum Beispiel Maltodextrin und Dextrose, die Kohlenhydrate enthalten. Stevia, eine flüssige Struktur wird bevorzugt Sucralose, eine flüssige Zusammensetzung wird unterstützt, Erythrit, Xylit, Friar Natural-Produkt, Agave Nectar. Alle diese Arten von Süßungsmitteln müssen in Betracht gezogen werden, um das Verlangen nach etwas Süßem zu reduzieren.

Kapitel 6 – Fehler und Tipps bei der ketogenen Ernährung

Es gibt einige häufige Fehler, die Personen begehen, während sie sich ketogen ernähren, und viele von ihnen sind unten aufgeführt.

Erhöhung der Proteinaufnahme

Viele Menschen erhöhen ihren Eiweißspiegel, weil Eiweiß möglicherweise auch den Glukosespiegel erhöht. Überdies soll die ketogene Diät den Glukosespiegel kontrollieren, wenn mehr Protein zur Routine hinzugefügt wird, würde dies mehr Glukose bedeuten. Mit anderen Worten, das Ziel kann nicht erreicht werden.

Nicht genügend Fett zu sich nehmen

Wir sind angepasst worden, um uns von Fetten fernzuhalten, und es fühlt sich nicht richtig an, mehr zu verschlingen. Zucker und Getreide können dazu führen, dass Glukose steigt und der Körper Fett speichert. Das Essen des Fettes erlaubt Ihrem Körper, Fett zu schwelen und Steigung zu erhalten. Abnehmende Kohlenhydrate lassen Ihren Körper aufblitzen, was übrig bleibt, und das ist fett.

Nicht genügend Natrium bei der Nahrungsaufnahme zu sich nehmen

Eine kohlenhydratarme ketogene Diät bewirkt, dass der Körper Natrium im Körper abgibt. Es ist ein Grund, warum eine Person 5+ Pfund verliert. In der ersten Woche stellt dies zum größten Teil zunächst Wassergewicht dar. Es ist auch die Motivation, warum sich einige Menschen in den ersten Tagen hoffnungslos fühlen und Migräne, Übelkeit, Müdigkeit und benommene Nebenwirkungen erfahren.

Das Essen von Brühe mit Salz und das Hinzufügen von Salz zu Ihrer Ernährung hilft dabei und lässt Ihre Nebenwirkungen schneller verschwinden. Wenn Sie sich verändern, fühlen Sie sich anständig in

Bezug auf dieses Ernährungsregime, wenn sich Ihr Körper verändert.

Sport, die Sie während Ihrer Ernährung durchführen sollten

Während der ketogenen Ernährung werden bestimmte Übungen empfohlen, die eine Person ausführen muss, z. B. kallisthenische Übungen, bei denen keine Maschinen oder Instrumente erforderlich sind, z. B. Liegestütze, Liegestütze mit Gefälle, Klimmzüge, Kniebeugen, Kreuzheben mit geradem Bein, Bauchübungen, usw.

Kapitel 7 – Ketogene Rezepte

Snacks

Für Snacks werden Smoothies empfohlen, wie z.B. cremige Schokoladenmilch, die ungesüßte Mandelmilch, ein Paket künstlicher Süßstoff, Schlagsahne, Schokoladenpulver und Crushed Ice beinhalten könnten. Alle diese Zutaten müssen gemischt und dann serviert werden.

Getränke

- Wasser: Trinken Sie mindestens eine Gallone Wasser pro Tag. Solange diese Anforderung erfüllt ist, sind andere Dinge faires Spiel.

- Diät-Soda: Jetzt müssen Sie vorsichtig sein, der künstliche Süßstoff kann Sie aus der Ketose werfen. Also beschränken Sie sich auf eine Portion pro Tag.

- Diät-Soda + 2 Esslöffel Sahne

- Mandelmilch

- Grüner Tee

- Schwarzer Tee

- Wasser: Ja, ich erwähne es noch einmal. (Es ist so wichtig).

Erdnussbutter und Kakao-Protein-Shake

Zutaten

- 2 Tassen Mandelmilch

- 4/5 Eiswürfel

- 1 Messlöffel Vanille-Molkenprotein

- 2 Esslöffel Erdnussbutter

- 1 Essl. Kakao backen

Zubereitung

Gut mischen und Sie erhalten einen leckeren Schoko-Vanille-Erdnussbutter-Shake, verpackt mit Eiweiß und Fett, aber nur ca. 10g Kohlenhydrate! Dieses Rezept ist sehr änderbar. Nehmen Sie die Erdnussbutter heraus und senken Sie die Gesamtmenge der Kohlenhydrate.

Frühstück

Zum Frühstück wird empfohlen, dass kohlenhydratarme Früchte serviert werden. In dieser Rezeptur müssen alle Früchte mit niedrigem Kohlenhydratgehalt zusammengefügt und bei Bedarf mit Schlagsahne versetzt werden. Zu den Früchten können frische Erdbeeren, rohe Himbeeren, Pfirsiche, Avocado, Aprikose usw. gehören.

Frühstücksmahlzeit #1 - Zimtprotein-Waffeln

Zutaten

Für Waffeln:

- 1/2 Tasse (62 g) Vollkornmehl

- 2/3 Schaufel (22 g) MusclePharm Cinnamon Bun Combat Powder

- 1 Teelöffel granuliertes Erythritol

- 1/2 Teelöffel Zimt

- 1/4 Teelöffel Backpulver

- 1/4 Tasse + 2 Teelöffel ungesüßte Mandelmilch
  1 ganzes großes Ei

- 1/4 Tasse eingemachter Kürbis, keine Kuchenfüllung (siehe Hinweise unten für Subs).

- 1/2 Teelöffel Vanilleextrakt

Für die Frischkäse-Glasur:

- 1/4 Tasse fettarmer griechischer Joghurt ohne Fettgehalt

- 2 Teelöffel fettarmer Frischkäse
- 1 Teelöffel granuliertes Stevia oder Erythritol

Zubereitung

1. Waffeleisen im Backofen auf mittlere Hitze vorheizen. Alle Zutaten miteinander vermengen. Mehl, Eiweißpulver, Backpulver und Zimt in der Schüssel.

2. In einer anderen Schüssel die Eier, die Mandelmilch und den Vanilleextrakt mischen.

3. Zum Trocknen feuchte Zutaten hinzufügen und vorsichtig mischen, bis sie zusammengefügt sind. Das Eisen mit Kochspray besprühen.

4. Den Teig in das Waffeleisen geben, um drei separate Waffeln zu machen. Einige Minuten erhitzen, bis die Farben goldbraun werden.

5. Den Frischkäse mit dem Joghurt und Stevia mischen. Den Löffel in einen Plastikbeutel gießen. Nehmen Sie eine Schere oder ein Messer und schneiden Sie den Endabschnitt ab und pumpen Sie die Glasur auf Ihre Waffeln.

6. Mit etwas Zimt bestreuen und guten Appetit!

Frühstücksmahlzeit #2 - Ketogene kohlenhydratarme Pfannkuchen:

Zutaten

- 5 große Eier (Keto-Version: 2 Vollei + 8 Eigelb) 50 Gramm getrocknete Kokosnuss, zu Mehl mahlen.

- 50 g Haselnüsse, zu Mehl mahlen

- Verwenden Sie ein kleines Stück Butter oder Kokosöl zum Braten

- 1 gestrichener Esslöffel gemischtes Gewürz

Zubereitung

1. Kokosnuss und gehackte Haselnüsse mahlen (ich benutze eine Kaffeemühle).

2. In einer Schüssel mit dem gemischten Gewürz vermischen.

3. Die Eier in einer anderen Schüssel verquirlen.

4. Die gemahlenen Nüsse untermischen, bis sie einen Teig mit glatter Konsistenz ergeben.

5. Etwas Butter oder Kokosöl in einer heißen Pfanne schmelzen und dann etwa 1/4 des Teigs einfüllen, um den Boden dünn abzudecken.

6. Einmal mit einem breiten Spatel wenden.

7. Auf einen Teller in einen warmen Ofen stellen, während Sie die anderen kochen.

8. Mit geronnener Sahne, oder was auch immer zu Ihrer Version dieses vielseitigen Rezepts passt, servieren.

Frühstücksmahlzeit #3 - Mikrowellen-Flachsmuffins:

Zutaten

- 1 Ei

- 1 Spritzer schwere Schlagsahne

- 1 bis 2 Teelöffel Nay Süßstoff Ihrer Wahl

- 1 Prise Salz

- 1 Teelöffel Vanilleextrakt

- 4 Teelöffel gemahlene Flachsmehle

- (Manchmal füge ich 1 Teelöffel oder so ungesüßtes Kakaopulver hinzu, damit es wie ein Brownie schmeckt).

Zubereitung

1. In einer mikrowellengeeigneten Schüssel und Mikrowelle für 1 bis 1 bis 1,5 Minuten mischen.

2. Wenn es zu trocken wird, tupfen Sie einen Tupfer Butter auf den fertigen Muffin und lassen Sie ihn einschmelzen.

Hauptgang

#1 – Low-Carb-Pizza:

Zutaten

Für das Hauptgericht wird eine kohlenhydratarme Pizza empfohlen. Die Low-Carb-Pizza enthält Olivenöl, einen reichhaltigen Kopf natürlichen Blumenkohl, gehackt und in kleine Stücke geschnitten, weiße Zwiebeln, Margarine, Wasser, Eier, Mozzarella Cheddar, Fenchelsamen, italienisches Aroma, Parmesan, hausgemachte Pizzasoße (es besitzt die wenigsten Kohlenhydrate) und italienische Wiener (überprüfen Sie den Kohlenhydratgehalt, sollte unter 1 für jede Unze sein).

Zubereitung

- Heizen Sie den Ofen auf 450F vor. Ein 17 x 11 Blatt mit Olivenöl einölen.

- In einer großen Pfanne mit Deckel den Aufstrich verflüssigen und die Zwiebel und den Blumenkohl dazugeben. Das Gemüse bei niedriger bis mittlerer Hitze anbraten, bis der Blumenkohl gar ist.

- Das Wasser einbeziehen. Bedecken und dünsten, bis der Blumenkohl ganz zart ist. Aus der Wärme verdrängen, in ein Glas- oder Tongefäß geben und abkühlen lassen.

- Während der Abkühlung des Blumenkohls das italienische Wiener Würstchen in die Pfanne geben, bis sie gar sind und mit einem Spatel in kleine Stücke schneiden. Nehmen Sie die Frankfurter Würstchen aus der Pfanne und trocknen Sie sie auf Papierhandtüchern, um überschüssiges Fett zu entfernen. Zum Abkühlen beiseite stellen.

- Sobald der Blumenkohl abgekühlt ist, verteilen Sie drei Behälter und stellen Sie sie in einen Lebensmittelverarbeiter. Verarbeiten Sie es zu einer geschmeidigen Konsistenz. Den pürierten Blumenkohl in eine Mischform geben. Die Eier, den gehackten Mozzarella Cheddar, die Aromen und den Parmesan Cheddar in den Blumenkohl geben. Gut mischen. Mit einem Spatel die Blumenkohlmischung auf dem geschmierten Behandlungsblatt verteilen. Versuchen Sie, es mit dem Ziel zu verteilen, dass es überall eine gleichmäßige Dicke hat.

- Bereiten Sie die Außenschicht bei 450F für ca. 20 Minuten vor, oder bis die Oberfläche gekocht aussieht und die Kastanie an den Kanten.

- Während der kohlenhydratarmen Pizzabelag erhitzt wird, das gekochte Würstchen in bessere Stücke zerteilen (Sie können es einfach einige Sekunden lang im Küchenhelfer drehen).

- Gießen Sie den Behälter mit Ragusauce in einen kleinen Topf und schließen Sie den gehackten italienischen Hot Dog ein. Bedecken und zu einem mäßigen Eintopf über niedrige bis mittlere Wärme führen.

- Wenn der Rumpf fertig ist, nehmen Sie ihn aus dem Ofen und stellen Sie die Broiler-Einstellung auf braten. Herdständer sollte etwa 4 Zoll vom Grill entfernt sein.

- Die Sauce und die Hotdog-Mischung über den höchsten Punkt des Rumpfes gießen und mit einem Spatel verteilen. (Es wird eine zarte Hülle sein).

- Die Hülle und die Sauce gleichmäßig mit der italienischen Cheddarmischung verteilen.

- Legen Sie die Low-Carb-Pizza wieder in den Ofen und backen Sie, bis der Cheddar schmilzt und es beginnt, Taschen und Kakao zu lüften.

- Aus dem Ofen nehmen, mit einem Pizzaschneider in 12 Schnitte schneiden.

- Servieren und genießen!

#2 - Kalifornisches Hühner-Omelett:

Zutaten

- 2 Eier
- 2 Scheiben Speck
- 1 Unze geschnittenes Deli-Hühnchen.
- 1/4 Avocado
- 1 Campari-Tomate
- 1 Esslöffel Mayo
- 1 Teelöffel Senf

Zubereitung

1. 2 Eier in einer Schüssel knacken und in eine heiße Pfanne geben. Ziehen Sie die Seiten der Eier zur

Mitte, um das Omelett etwas schneller zu zubereiten.

2. Mit Salz und Pfeffer würzen.

3. Sobald Ihre Eier vollständig gekocht sind (ca. 5 Minuten), fügen Sie Ihr Huhn, Speck, Avocado und Tomaten hinzu. Sie können auch einen Esslöffel Mayo und ein wenig Senf hinzufügen.

4. Das Omelett auf sich selbst falten und mit einem Deckel abdecken. Danach noch 5 Minuten lang kochen lassen.

5. Sobald die Eier gekocht sind und alles darin warm ist, sind Sie bereit zum Essen. Guten Appetit!

#3 - Avocado-Eiersalat:

Zutaten

- 4 große Eier, Freiland- oder Bio-Eier

- 1 große Avocado

- 4 Tassen gemischter Salat wie Feldsalat, Rucola, usw.

- ½ Becher saure Sahne *oder* vollfetter Joghurt (115 g / 4,1 Unzen) *oder* ¼ Becher Mayonnaise

- 2 Knoblauchzehen, zerdrückt

- 1 Tomate

- 2 Teelöffel Dijon-Senf

- Salz und Pfeffer nach Belieben

- *Optional:* Schnittlauch, frische Kräuter und natives Olivenöl extra zur Garnierung.

Zubereitung

1. Beginnen Sie mit dem Kochen der Eier. Füllen Sie einen kleinen Topf zu drei Vierteln mit Wasser. Warten Sie, bis die Eier anfangen zu kochen. Tauchen Sie jedes Ei mit einem Löffel oder einer Hand in und aus das kochende Wasser. Warten Sie ungefähr 10 Minuten, bevor sie kochen. Wenn Sie fertig sind, nehmen Sie es vom Herd und legen Sie die Eier in eine Schüssel mit kaltem Wasser. Wenn die Eier gekühlt sind, schälen Sie die Schalen ab. Sie können das Dressing herstellen, indem Sie die saure Sahne, den zerkleinerten Knoblauch und den Senf miteinander mischen. Sie können auch Salz und Pfeffer für zusätzlichen Geschmack hinzufügen.

2. Waschen und trocknen Sie das grüne Gemüse in einer Salatschleuder oder einfach durch Trocknen mit einem Papiertuch. Das grüne Gemüse in eine Schüssel geben und alle Zutaten mit dem Dressing vermischen. Avocado halbieren, entkernen, schälen und in Scheiben schneiden und auf das grüne Gemüse legen.

3. Fügen Sie die geviertelten Eier hinzu und würzen Sie, falls notwendig mit mehr Salz und Pfeffer.

Schlussworte

Nochmals vielen Dank, dass Sie dieses Buch gekauft haben!

Ich hoffe wirklich, dass dieses Buch Ihnen helfen wird.

Der nächste Schritt ist, dass Sie **sich für unseren E-Mail-Newsletter anmelden, um** über neue Buchveröffentlichungen oder Werbeaktionen informiert zu werden. Sie können sich kostenlos anmelden und erhalten als Bonus unser Buch „*7 Fitnessfehler, von denen Sie nicht wissen, dass Sie sie machen*"! Dieses Bonusbuch bricht viele der häufigsten Fitnessfehler auf und entmystifiziert viele der Komplexitäten und der Wissenschaft, sich in Form zu bringen. Wenn Sie all diese Fitnesskenntnisse und -wissenschaften in einem umsetzbaren, schrittweisen Buch zusammengefasst haben, können Sie auf Ihrer Fitnessreise in die richtige Richtung starten! Um an unserem kostenlosen E-Mail-Newsletter teilzunehmen und Ihr kostenloses Buch zu erhalten, besuchen Sie bitte den Link und melden Sie sich an: **www.hmwpublishing.com/gift**

Wenn Ihnen dieses Buch gefallen hat, dann möchte ich Sie um einen Gefallen bitten, wären Sie so freundlich, eine Rezension für dieses Buch zu hinterlassen? Ich wäre Ihnen sehr dankbar!

Vielen Dank und viel Glück auf Ihrer Reise!

Über den Co-Autor

Mein Name ist George Kaplo. Ich bin ein zertifizierter Personal Trainer aus Montreal, Kanada. Ich beginne damit zu sagen, dass ich nicht der breiteste Typ bin, den Sie jemals treffen werden, und das war nie wirklich mein Ziel. Tatsächlich habe ich begonnen, meine größte Unsicherheit zu überwinden, als ich jünger war, was mein Selbstvertrauen war. Das lag an meiner Größe von nur 168 cm (5 Fuß 5 Zoll), die mich dazu drängte, alles zu versuchen, was ich jemals im Leben erreichen wollte.

Möglicherweise stehen Sie gerade vor einigen Herausforderungen oder Sie möchten einfach nur fit werden, und ich fühle mit Sicherheit mit Ihnen mit.

Ich persönlich war immer ein bisschen an der Gesundheits- und Fitnesswelt interessiert und wollte wegen der zahlreichen Mobbingfälle in meinen Teenagerjahren wegen meiner Größe und meines übergewichtigen Körpers etwas Muskeln aufbauen. Ich dachte, ich könnte nichts gegen meine Körpergröße tun, aber ich kann sicher etwas dagegen tun, wie mein Körper aussieht. Dies war der Beginn meiner Transformationsreise. Ich hatte keine Ahnung, wo ich anfangen sollte, aber ich habe gerade erst angefangen. Ich war manchmal besorgt und hatte Angst, dass andere Leute sich über mich lustig machen würden, wenn sie die Übungen falsch machten. Ich wünschte immer, ich hätte einen Freund neben mir, der sich auskennt, um mir den Einstieg zu erleichtern und mich mit allem vertraut gemacht hätte.

Nach viel Arbeit, Studium und unzähligen Versuchen und Irrtümern begannen einige Leute zu bemerken, wie ich fit wurde und wie ich anfing, mich für das Thema zu interessieren. Dies führte dazu, dass viele Freunde und neue Gesichter zu mir kamen und mich um Rat fragten. Zuerst kam es mir seltsam vor, als Leute mich baten, ihnen zu helfen, in Form zu kommen. Aber was mich am Laufen hielt, war, als sie Veränderungen in ihrem eigenen Körper bemerkten und mir sagten, dass es das erste Mal war, dass sie echte Ergebnisse sahen! Von dort kamen immer mehr Leute zu mir und mir wurde klar, dass es mir nach so viel Lesen und Lernen in diesem Bereich geholfen hat, aber es erlaubte mir auch, anderen zu helfen. Ich bin jetzt ein vollständig zertifizierter Personal Trainer und habe zahlreiche Kunden trainiert, die erstaunliche Ergebnisse erzielt haben.

Heute besitzen und betreiben mein Bruder Alex Kaplo (ebenfalls zertifizierter Personal Trainer) und ich dieses Verlagsprojekt, in dem wir leidenschaftliche und erfahrene

Autoren zusammenbringen, um über Gesundheits- und Fitnessthemen zu schreiben. Wir betreiben auch eine Online-Fitness-Website „HelpMeWorkout.com". Ich würde mich freuen, wenn ich Sie einladen darf, diese Website zu besuchen und sich für unseren E-Mail-Newsletter anmelden (Sie erhalten sogar ein kostenloses Buch).

Zu guter Letzt, wenn Sie in der Position sind, in der ich einmal war und Sie etwas Hilfe wünschen, zögern Sie nicht und fragen Sie... Ich werde da sein, um Ihnen zu helfen!

Ihr Freund und Coach,

George Kaplo
Zertifizierter Personal Trainer

Ein weiteres Buch kostenlos herunterladen

Ich möchte mich bei Ihnen für den Kauf dieses Buches bedanken und Ihnen ein weiteres Buch (genauso lang und wertvoll wie dieses Buch), „Gesundheits- & Fitnessfehler, von denen Sie nicht wissen, dass Sie sie machen", völlig kostenlos anbieten.

Besuchen Sie den untenstehenden Link, um sich anzumelden und es zu erhalten:

www.hmwpublishing.com/gift

In diesem Buch werde ich die häufigsten Gesundheits- und Fitnessfehler aufschlüsseln, die einige von Ihnen wahrscheinlich begehen, und ich werde zeigen, wie Sie sich leicht in die beste Form Ihres Lebens bringen können!

Zusätzlich zu diesem wertvollen Geschenk haben Sie auch die Möglichkeit, unsere neuen Bücher kostenlos zu bekommen, Werbegeschenke zu erhalten und andere wertvolle E-Mails von mir zu erhalten. Besuchen Sie hier den Link, um sich anzumelden:

www.hmwpublishing.com/gift

Copyright 2017 von HMW Publishing - Alle Rechte vorbehalten.

Dieses Dokument von HMW Publishing im Besitz der Firma A&G Direct Inc ist darauf ausgerichtet, genaue und zuverlässige Informationen in Bezug auf das behandelte Thema und den behandelten Sachverhalt bereitzustellen. Die Publikation wird mit dem Gedanken verkauft, dass der Verlag keine buchhalterischen, behördlich zugelassenen oder anderweitig qualifizierten Dienstleistungen erbringen muss. Wenn rechtliche oder berufliche Beratung erforderlich ist, sollte eine in diesem Beruf praktizierte Person bestellt werden.

Aus einer Grundsatzerklärung, die von einem Ausschuss der American Bar Association und einem Ausschuss der Verlage und Verbände gleichermaßen angenommen und gebilligt wurde.

Es ist in keiner Weise legal, Teile dieses Dokuments in elektronischer Form oder in gedruckter Form zu reproduzieren, zu vervielfältigen oder zu übertragen. Das Aufzeichnen dieser Veröffentlichung ist strengstens untersagt, und eine Speicherung dieses Dokuments ist nur mit schriftlicher Genehmigung des Herausgebers gestattet. Alle Rechte vorbehalten.

Die hierin bereitgestellten Informationen sind wahrheitsgemäß und konsistent, da jede Haftung in Bezug auf Unachtsamkeit oder auf andere Weise durch die Verwendung oder den Missbrauch von Richtlinien, Prozessen oder Anweisungen, die darin enthalten sind, in der alleinigen und vollständigen Verantwortung des Lesers des Empfängers liegt. In keinem Fall wird der Herausgeber für Reparaturen, Schäden oder Verluste aufgrund der hierin enthaltenen Informationen direkt oder indirekt rechtlich verantwortlich oder verantwortlich gemacht.

Die hierin enthaltenen Informationen werden ausschließlich zu Informationszwecken angeboten und sind daher universell. Die Darstellung der Informationen erfolgt ohne Vertrag oder Garantiezusage.

Die verwendeten Marken sind ohne Zustimmung und die Veröffentlichung der Marke ist ohne Erlaubnis oder Unterstützung durch den Markeninhaber. Alle Warenzeichen und Marken in diesem Buch dienen nur zu Erläuterungszwecken und gehören den Eigentümern selbst und sind nicht mit diesem Dokument verbunden.

Für weitere tolle Bücher besuchen Sie uns:

HMWPublishing.com